LE CORDON BLEU

RECETAS CASERAS

·REPOSTERÍA·

KÖNEMANN

contenido

para principiantes   *para cocineros poco experimentados* *para cocineros expertos*

Tartaletas amandines

Estas tartaletas con almendras pertenecen a la repostería clásica y son perfectas para tomar con el té. "Amandine" es el nombre dado a varios pasteles y pastas franceses con sabor a almendras.

*Tiempo de preparación **45 minutos***
*Tiempo de cocción **20 minutos***
Para 18 unidades

CREMA DE ALMENDRAS
115 g de mantequilla reblandecida
115 g de azúcar extrafino
la ralladura de 1 limón
2 huevos batidos
115 g de almendras molidas
30 g de harina
unas gotas de esencia o extracto de vainilla

pasta azucarada (vea la página 59)
125 g de mermelada de frambuesas sin semillas
60 g de almendras fileteadas
45 g de mermelada de albaricoque
45 g de azúcar glas tamizado
unas gotas de colorante alimentario rosa

1 Para preparar la crema de almendras, bata la mantequilla, el azúcar y la ralladura de limón con una cuchara de madera o una batidora eléctrica hasta obtener una crema ligera. Añada gradualmente los huevos, una sexta parte cada vez, batiendo bien entre cada adición. Incorpore las almendras molidas, la harina y la vainilla. Pase la crema a una manga pastelera con boquilla de 2 cm, y refrigérela.

2 Unte 18 moldes de tartaleta, de 6 × 2 cm y de base extraíble, con mantequilla derretida. Extienda la pasta en una superficie enharinada hasta que mida 2 mm de grosor. Corte 18 círculos de pasta de 10 cm de diámetro, forre con ellos los moldes y pinche el fondo de la pasta con un tenedor. Precaliente el horno a 180°C.

3 Bata la mermelada de frambuesa con una cuchara hasta que esté blanda y líquida, y vierta un poco en el fondo de cada tartaleta. Con la manga pastelera, disponga encima la crema de almendras hasta llenar 3/4 de las tartaletas y hornee éstas de 12 a 15 minutos o hasta que se doren. Déjelas enfriar en los moldes sobre una rejilla metálica. Tueste las almendras bajo el grill a temperatura media hasta que se doren, sin dejar que se quemen.

4 Caliente la mermelada de albaricoque con 2 cucharadas de agua en un cazo. Cuando se haya derretido y empiece a hervir, cuélela sobre un cuenco y, aún caliente, úntela sobre las tartaletas. Disponga las almendras tostadas sobre la mitad de cada tartaleta.

5 En un cuenco, mezcle el azúcar glas, 2 cucharaditas de agua y un poco de colorante alimentario hasta obtener una mezcla homogénea y de color rosa pálido. Con una cuchara, disponga una fina capa de glaseado sobre la mitad de cada tartaleta que no contiene almendras.

Tarta de manzana

Una pasta ligera rellena con unas deliciosas manzanas escalfadas y una crema pastelera a la vainilla hacen de esta tarta un magnífico postre para una comida ligera o una deliciosa merienda.

Tiempo de preparación **1 hora 20 minutos**
   + 15 minutos de refrigeración
Tiempo de cocción **1 hora 10 minutos**
Para 8–10 personas

MANZANAS ESCALFADAS
500 g de manzanas Granny Smith
la ralladura y el zumo de 1 limón
250 g de azúcar
1 rama de canela
1/2 vaina de vainilla partida longitudinalmente

CREMA PASTELERA
500 ml de leche
1/2 vaina de vainilla partida longitudinalmente
5 yemas de huevo
125 g de azúcar extrafino
2 cucharadas de harina
2 cucharadas de fécula de maíz

1 cantidad de pasta azucarada, con 1 1/2 cucharaditas de especias añadidas a la harina (vea la página 59)
1 huevo batido
60 g de azúcar glas
20 g de almendras fileteadas

1 Unte un molde de tarta rectangular, de base extraíble y de 34 × 11 cm, con mantequilla derretida y enharínelo.
2 Pele las manzanas, córtelas por la mitad y descorazónelas. Mézclelas con el zumo de limón y escúrralas; reserve el zumo. Pase la ralladura y el zumo de limón, el azúcar, la canela y la vainilla a un cazo con 250 ml de agua, y caliéntelo todo hasta que el azúcar se disuelva. Déjelo hervir 5 minutos, añada las mitades de manzana y escálfelas unos 15 minutos o hasta que estén tiernas. Retírelas del almíbar y escúrralas sobre papel de cocina; reserve el almíbar.

3 Para preparar la crema pastelera, vierta la leche con la vainilla en un cazo y llévela a ebullición a fuego lento. En un cuenco, bata las yemas con el azúcar hasta que adquieran un color pálido. Tamice la harina y la fécula de maíz sobre el cuenco, y bátalo todo hasta mezclarlo bien. Retire y deseche la vaina de vainilla, vierta la mitad de la leche hirviendo en la mezcla de yemas, bata bien y pase de nuevo la preparación al cazo con la leche restante. Lleve a ebullición, sin dejar de remover, y deje hervir 1 minuto para cocer completamente la harina. Retire el cazo del fuego y extienda la crema pastelera en una bandeja para que se enfríe rápidamente. Cubra la superficie con papel parafinado para evitar que se forme una capa y déjela enfriar. Una vez fría, bátala hasta que quede homogénea.
4 Precaliente el horno a 200°C. Extienda 2/3 de la pasta en una superficie enharinada hasta que mida 3 mm de grosor, forre con ella el molde y recorte los bordes. Llene el molde hasta la mitad con crema pastelera y alise la superficie. Corte las manzanas escalfadas en rodajas de 5 mm y dispóngalas sobre la crema. Extienda la pasta restante hasta que mida 3 mm de grosor y córtela en tiras alargadas de 5 mm de ancho. Pinte el borde de la tarta con el huevo batido, forme un enrejado sobre las manzanas con las tiras de pasta y píntelo con más huevo. Refrigere la tarta durante 15 minutos.
5 Hornéela de 35 a 40 minutos o hasta que se dore. Al cabo de 15 minutos, cubra la superficie con papel de aluminio para que no se queme. Retire la tarta del horno y déjela enfriar en el molde sobre una rejilla metálica.
6 Mientras, tamice el azúcar glas sobre un cuenco y mézclelo con suficiente almíbar como para formar un glaseado líquido. Tueste las almendras bajo el grill a temperatura media hasta que se doren, vigilando que no se quemen.
7 Una vez fría la tarta, desmóldela y cúbrala con las almendras tostadas. Rocíe la superficie con líneas finas de glaseado con la ayuda de una cucharita o un tenedor. Para servir, corte la tarta en porciones con un cuchillo de sierra.

Mantecadas de jengibre con albaricoques

Un trío de texturas complementarias (albaricoques escalfados, mantecadas crujientes y mascarpone cremoso) asegura el éxito de este postre. Se puede preparar con antelación y acabarlo en el último minuto.

Tiempo de preparación **50 min. + 50 min. de refrigeración**
Tiempo de cocción **50 minutos**
Para 6 unidades

MANTECADAS DE JENGIBRE
60 g de mantequilla
60 g de azúcar extrafino
3/4 cucharadita de jengibre molido
1 huevo batido
60 g de almendras molidas
170 g de harina
40 g de jengibre en conserva escurrido y picado fino
  (reserve como mínimo 1 cucharada del almíbar)

ALBARICOQUES ESCALFADOS
200 g de azúcar
2 clavos de especia
1 vaina de anís estrellado
1/2 vaina de vainilla partida longitudinalmente
9 albaricoques frescos

CREMA DE MASCARPONE
250 g de queso mascarpone
30 g de azúcar glas
1 cucharada de almíbar del tarro de jengibre
  en conserva
las semillas de 1/2 vaina de vainilla

azúcar glas para espolvorear

1 Para preparar las mantecadas de jengibre, unte dos bandejas de horno con mantequilla y espolvoréelas ligeramente con harina. Con una cuchara de madera o una batidora eléctrica, bata la mantequilla, el azúcar y el jengibre molido hasta obtener una mezcla ligera y cremosa. Añada gradualmente el huevo, batiendo bien tras cada adición. Tamice las almendras molidas y la harina a la vez e incorpórelas a la mezcla de mantequilla y azúcar junto con el jengibre para formar una masa blanda. Cúbrala con film transparente y refrigérela 30 minutos.

2 Para preparar los albaricoques escalfados, pase el azúcar y 410 ml de agua a un cazo mediano y caliéntelos hasta que el azúcar se disuelva. Añada los clavos de especia, el anís estrellado y la vaina de vainilla, y déjelo cocer todo 5 minutos. Corte los albaricoques por la mitad y retíreles el hueso. Agréguelos al líquido y escálfelos de 5 a 10 minutos o hasta que estén tiernos al pincharlos con la punta de un cuchillo. Retírelos y déjelos escurrir sobre una rejilla metálica. Hierva el almíbar hasta que se reduzca a la mitad, cuélelo, deseche las especias y déjelo enfriar.

3 Extienda la masa de las mantecadas entre dos láminas de papel parafinado hasta que mida 3 mm de grosor. Con un cortapastas circular de 8 cm de diámetro, corte doce mantecadas, dispóngalas en las bandejas preparadas y refrigérelas 20 minutos. Precaliente el horno a 180°C. Hornee las mantecadas de 20 a 25 minutos o hasta que se doren ligeramente y déjelas enfriar en una rejilla metálica.

4 Para preparar la crema de mascarpone, bata todos los ingredientes con una cuchara de madera hasta obtener una mezcla homogénea. Reparta la crema entre la mitad de las mantecadas, disponga encima de cada una tres mitades de albaricoque, cúbralas con las mantecadas restantes, presionándolas ligeramente, y espolvoréelas con azúcar glas. Sírvalas en platos y vierta el almíbar reservado alrededor.

Notas del chef Puede preparar las mantecadas, los albaricoques y la crema de mascarpone con un máximo de 2 días de antelación. Conserve las mantecadas en un recipiente hermético y refrigere la fruta y la crema. Antes de montar el postre, deje que los albaricoques recuperen la temperatura ambiente.

Si le sobra masa, puede preparar galletas de jengibre.

Pastas danesas

Aunque esta receta requiere tiempo, no hay nada como el sabor de la pasta leudada recién hecha, rica y hojaldrada. El relleno de chocolate al ron de estas roscas es exquisito.

Tiempo de preparación **3 horas + 1 hora 10 minutos de refrigeración + 30 minutos para leudar**
Tiempo de cocción **40 minutos**
Para 28 unidades

1 kg de harina de fuerza o normal
90 g de azúcar extrafino
1 cucharada de sal
700 ml de leche
30 g de levadura fresca o 15 g de levadura en polvo
450 g de mantequilla fría
1 huevo batido
2 yemas de huevo para glasear

RELLENO DE CHOCOLATE
125 g de mazapán
90 g de chocolate negro
2 cucharadas de ron

1 Unte dos bandejas de horno con mantequilla y enharínelas. Tamice la harina, el azúcar y la sal en un cuenco y forme un hueco en el centro. Caliente la leche, añada la levadura y 20 g de la harina, remueva hasta que se disuelvan y deje reposar la mezcla hasta que se formen burbujas. Viértala en el cuenco e incorpore la harina con los dedos hasta formar una masa blanda. Trabájela en una superficie enharinada hasta dejarla homogénea y elástica. Cúbrala con film transparente y refrigérela 10 minutos.
2 Para preparar el relleno, llene un cazo hasta la mitad con agua, llévela a ebullición y retire el cazo del fuego.

Tenga preparado un cuenco resistente al calor que encaje sobre el cazo sin tocar el agua. Pase el mazapán, el chocolate y el ron al cuenco, y coloque este último sobre el cazo. Remueva la mezcla hasta que se funda y déjela reposar a temperatura ambiente para que se enfríe y cuaje.
3 Sobre una superficie enharinada, extienda la masa en forma de rectángulo el triple de largo que de ancho y de 3 mm de grosor. Aplaste y extienda la mantequilla entre dos tiras largas de film transparente hasta formar un rectángulo igual de ancho que la masa, pero de dos tercios de longitud. Desenvuelva la mantequilla y dispóngala sobre dos tercios de la masa. Doble el tercio expuesto sobre la mantequilla y el tercio superior hacia abajo.
4 Dé la vuelta a la masa para que parezca un libro, con el lomo a la izquierda, extiéndala en forma de rectángulo y dóblela en tres. Repita dos veces la operación, envolviendo y refrigerando la masa 20 minutos entre cada una.
5 Sobre una superficie enharinada, extienda la masa en forma de rectángulo de 3 mm de grosor y úntela con la mitad del relleno de chocolate. Caliéntelo un poco, si es necesario, hasta que adquiera una consistencia para untar. Corte la masa por el lado más corto en tiras de 1 cm y enrolle cada una en forma de espiral. Moldee roscas con efecto trenzado y dispóngalas en bandejas de horno.
6 Precaliente el horno a 220°C. Deje subir las pastas en un lugar cálido durante 30 minutos o hasta que doblen su volumen. Píntelas con la yema de huevo, sin que ésta se derrame en la bandeja, y hornéelas de 15 a 20 minutos o hasta que se doren. Glasee de nuevo las zonas de chocolate con el relleno restante. Deje enfriar las pastas sobre rejillas metálicas y sírvalas enseguida.

Tartaletas de frutos secos al caramelo

La comida diaria cobra elegancia con estas ricas tartaletas rellenas de almendras, pacanas
y nueces del Brasil. Sírvalas con cremoso yogur griego o con crème fraîche.

Tiempo de preparación **25 minutos + 1 hora**
  y 20 minutos de refrigeración + enfriado
Tiempo de cocción **50 minutos**
Para 6 unidades

pasta quebrada (vea la página 58)

RELLENO DE FRUTOS SECOS AL CARAMELO
150 g de una mezcla de almendras, pacanas
  y nueces del Brasil, picadas gruesas
250 g de azúcar extrafino
I vaina de vainilla partida longitudinalmente
125 ml de nata espesa

1 Unte seis moldes de tartaleta de 8 × 2 cm con mantequilla derretida.
2 Precaliente el horno a 190°C. Extienda la pasta sobre
una superficie enharinada hasta que mida 2 mm de grosor. Corte seis círculos de pasta de 11 cm de diámetro,
páselos a los moldes, pínchelos con un tenedor y refrigérelos durante 20 minutos. Corte seis círculos de papel
parafinado algo más grandes que los moldes de tartaleta
y colóquelos sobre los fondos de pasta. Llénelos con
judías secas o arroz y hornéelos durante unos 10 minutos.
Retire las judías o el arroz y el papel parafinado de los
fondos de pasta y hornee éstos durante 10 minutos más.
Déjelos enfriar en los moldes sobre una rejilla metálica.
3 Para preparar el relleno de frutos secos al caramelo,
disponga los frutos secos en una bandeja y tuéstelos en
el horno a 180°C de 5 a 10 minutos, sin dejar que se
quemen. Pase el azúcar y la vaina de vainilla a un cazo
mediano con 90 ml de agua y caliéntelo todo hasta que
se disuelva. Suba el fuego y cueza el azúcar 10 minutos
más o hasta obtener un caramelo dorado. Agregue la nata
y apártese un poco del fogón, ya que ésta salpicará en el
caramelo. Deje cocer la mezcla 1 ó 2 minutos, retírela
del fuego y pásela por un colador fino de metal colocado
sobre un cuenco. Incorpore los frutos secos tostados a la
mezcla y déjela enfriar a temperatura ambiente.
4 Una vez frío, vierta el relleno en los fondos de pasta
y refrigere las tartaletas durante 1 hora aproximadamente. Retírelas de los moldes y sírvalas acompañadas de un
poco de yogur griego o crème fraîche.

Éclairs de caramelo

Con un sofisticado relleno de praliné y un crujiente glaseado de caramelo, estos éclairs constituyen una exquisita variante de la versión más común de chocolate.

*Tiempo de preparación **30 minutos + reposo***
*Tiempo de cocción **40 minutos***
Para 12 unidades

PASTA DE LIONESAS
100 g de harina
75 g de mantequilla cortada en dados
una pizca de sal
3 cucharaditas de azúcar extrafino
3 huevos

1 huevo batido
60 g de almendras fileteadas
315 g de azúcar extrafino
315 ml de nata espesa
45 g de azúcar glas tamizado

1 Para preparar la pasta de lionesas, tamice la harina sobre una lámina de papel encerado. Pase 125 ml de agua, la mantequilla, la sal y el azúcar a un cazo, y caliéntelo todo hasta que la mantequilla y el agua rompan a hervir. Retire el cazo del fuego, añada la harina de una sola vez y mezcle bien con una cuchara de madera. Ponga el cazo en el fuego y bata la mezcla hasta formar una bola lisa que se desprenda de las paredes del cazo.

2 Retire el cazo del fuego y pase la pasta a un cuenco. Bata ligeramente los huevos en un bol y, con una cuchara de madera o una batidora eléctrica, añádalos a la pasta en pequeñas cantidades, batiendo bien después de cada adición, hasta obtener una pasta homogénea y brillante.

3 Precaliente el horno a 180°C. Unte con abundante mantequilla dos bandejas de horno. Introduzca la pasta de lionesas en una manga pastelera provista de una boquilla lisa grande y forme doce tiras de pasta, de 13 cm de largo, sobre las bandejas preparadas. Unte los éclairs con el huevo batido sin derramar ni una gota, o no subirán de manera uniforme. Hornéelos de 20 a 25 minutos o hasta que estén crujientes, huecos y dorados. Retírelos enseguida de las bandejas y déjelos enfriar sobre una rejilla metálica.

4 Reparta las almendras en una bandeja y tuéstelas en el horno de 3 a 5 minutos, sin dejar que se quemen.

5 Prepare caramelo con azúcar y 90 ml de agua, según las Técnicas del chef de la página 63.

6 Una vez cocido el caramelo, derrítalo de nuevo a fuego lento si se ha solidificado y, con cuidado de no tocarlo con los dedos o usando unas pinzas para sujetar los éclairs, moje la parte superior de éstos en el caramelo y déjelos secar en una rejilla metálica con el caramelo boca arriba. Unte una bandeja de horno con aceite y resérvela. Recaliente el caramelo restante en el cazo hasta que se derrita de nuevo, incorpore las almendras tostadas y páselas a la bandeja de horno, extendiéndolas para formar una capa uniforme. Déjelas endurecer a temperatura ambiente.

7 Monte la nata a punto de nieve con el azúcar glas. Triture las almendras con un rodillo de pastelería o en un robot de cocina hasta que parezcan pan rallado fino y añádalas a la nata con una cuchara grande de metal o una espátula de plástico. Pase la mezcla a una manga pastelera provista de una boquilla lisa mediana y forme un pequeño orificio en la base de cada éclair. Rellénelos y sírvalos enseguida en moldes de papel.

Milhojas de cítricos

Con los sabores frescos de la ralladura de naranja y lima y de la crema de limón, este pastel es un solemne postre para una ocasión especial y se complementa con una preciosa decoración de kumquats.

*Tiempo de preparación **1 hora + ¼ hora de refrigeración***
*Tiempo de cocción **1 hora***
Para 8 personas

pasta de hojaldre (vea las págs. 60–61)

CREMA PASTELERA
750 ml de leche
la ralladura de 2 limas
9 yemas de huevo
185 g de azúcar extrafino
75 g de harina
50 g de fécula de maíz

200 g de azúcar extrafino
125 g de kumquats cortados por la mitad
15 g de pistachos pelados
105 g de crema de limón de calidad
la ralladura de 1 naranja pequeña
azúcar glas para decorar

1 Precaliente el horno a 210°C. Unte una bandeja de horno con mantequilla derretida y fórrela con papel parafinado. Divida la pasta en dos y extienda cada mitad hasta formar un cuadrado de 5 mm de grosor. Disponga los cuadrados en dos bandejas preparadas y pínchelos para evitar que la pasta se hinche demasiado. Refrigere la pasta durante 15 minutos. Cubra uno de los cuadrados con otra lámina de papel parafinado y otra bandeja. Hornee de 10 a 15 minutos. Cambie de orden las bandejas e introdúzcalas en el horno 10 minutos más o hasta que la pasta se dore ligeramente. Retire la bandeja superior y el papel y deje enfriar la pasta sobre una rejilla metálica. Repita la operación con el otro cuadrado de pasta.

2 Para preparar la crema pastelera, vierta la leche con la ralladura de lima en un cazo y llévela a ebullición a fuego lento. En un cuenco, bata las yemas de huevo con el azúcar hasta que adquieran un color pálido. Tamice encima la harina y la fécula de maíz, y bátalo todo para mezclarlo bien. Vierta la mitad de la leche hirviendo en la mezcla de yemas, bata bien y pase la preparación al cazo con la leche restante. Lleve a ebullición, removiendo constantemente, y deje hervir 1 minuto para cocer completamente la harina. Retire el cazo del fuego y extienda la crema pastelera en una bandeja para que se enfríe rápidamente. Cubra la superficie con papel parafinado para evitar que se forme una capa y deje enfriar la crema.

3 Caliente a fuego lento el azúcar extrafino y 200 ml de agua en un cazo pequeño hasta que el azúcar se disuelva, y hierva los kumquats en el almíbar de 8 a 10 minutos o hasta que estén tiernos al pincharlos con un tenedor. Retire los kumquats del almíbar con una espumadera, añádalos a los pistachos y mézclelos con un poco más de almíbar para darles una cobertura brillante. Déjelos enfriar y resérvelos.

4 Recorte los bordes de la pasta de hojaldre con un cuchillo de sierra y corte cada cuadrado por la mitad. Guarde el más uniforme para la superficie. Una vez fría, bata la crema pastelera con la crema de limón y la ralladura de naranja hasta obtener una mezcla homogénea. Con una manga pastelera o una cuchara, extienda un tercio de la crema sobre un rectángulo de pasta, cúbralo con otro rectángulo y reparta encima otro tercio de la crema. Repita la operación con el tercer rectángulo de pasta y la crema restante. Coloque el último trozo de pasta encima y presione ligeramente. Iguale los bordes del milhojas con una espátula caliente. Espolvoree la superficie con abundante azúcar glas y marque un enrejado con una brocheta caliente según las Técnicas del chef de la página 63. Decore el centro del milhojas con los kumquats escalfados y los pistachos, y sírvalo el mismo día de su preparación.

Tarta de chocolate y peras

Unas peras escalfadas con especias dispuestas en una crujiente pasta de chocolate y cubiertas de un relleno cremoso de chocolate forman un magnífico postre. En repostería, esta fruta combina muy bien con el chocolate.

*Tiempo de preparación **50 min. + 10 min. de enfriado***
*Tiempo de cocción **1 hora 30 minutos***
Para 8 personas

PERAS ESCALFADAS
4 peras pequeñas maduras
el zumo de 1 limón
250 g de azúcar extrafino
1/2 vaina de vainilla partida longitudinalmente
1 vaina de anís estrellado
1 rama pequeña de canela

pasta de chocolate (vea la página 62)
cacao en polvo para espolvorear

RELLENO DE CHOCOLATE
110 ml de nata espesa
55 ml de leche entera
1/2 vaina de vainilla partida longitudinalmente
125 g de chocolate negro picado
1 huevo

1 Para preparar las peras escalfadas, pele las frutas, córtelas por la mitad y descorazónelas con un cuchillo pequeño o un vaciador de melón. Mézclalas con el zumo de limón, escúrralas y resérvalas. Pase el azúcar, la vaina de vainilla, el anís estrellado, la canela y 500 ml de agua a un cazo pequeño, y caliéntelo todo hasta que el azúcar se disuelva. Déjelo hervir 5 minutos, añada las mitades de pera y escálfelas unos 25 minutos o hasta que estén tiernas. Retire las peras y déjelas escurrir en una rejilla metálica colocada sobre una bandeja.

2 Unte un molde de tarta, de 23 × 3 cm y de base extraíble, con mantequilla derretida. Extienda la pasta sobre una superficie ligeramente enharinada hasta que mida 3 mm de grosor. Forre con ella el molde preparado y recorte los bordes. Introduzca el fondo de tarta en el frigorífico y precaliente el horno a 190°C.

3 Para preparar el relleno de chocolate, caliente la nata, la leche y la vainilla en un cazo grande hasta que rompa el hervor, y retire el cazo del fuego. Añada el chocolate y remueva hasta obtener una mezcla perfectamente homogénea. Déjela enfriar unos 10 minutos, agregue el huevo y mézclala con un batidor de varillas en forma de globo hasta que esté brillante. Retire la vaina de vainilla y refrigere el relleno hasta el momento de utilizarlo.

4 Corte un círculo de papel parafinado ligeramente más grande que el molde y colóquelo sobre el fondo de tarta. Llénelo con judías secas o arroz, y hornéelo unos 10 minutos. Retire las judías o el arroz y el papel parafinado del molde e introduzca éste de nuevo en el horno de 5 a 10 minutos más. Deje enfriar el fondo de tarta en el molde y baje la temperatura del horno a 160°C.

5 Corte las mitades de pera escurridas en rodajas al bies. Dispóngalas en el fondo de tarta frío con los extremos más delgados hacia el centro de la tarta. Vierta el relleno sobre las peras, dejando que sobresalgan 3 mm de pasta, y hornee la tarta 30 minutos o hasta que esté cuajada por el borde y algo líquida en el centro. Retírela del horno y sírvala caliente o refrigerada, espolvoreada con un poco de cacao en polvo y acompañada de nata montada.

Nota del chef Puede utilizar peras en conserva bien escurridas si dispone de poco tiempo para escalfar unas frescas.

Mousses de café con galletas de amaretti

Se trata de un postre que se prepara con antelación para ocasiones especiales. Estas mousses individuales de licor de café esconden una galleta de amaretti y están dispuestas sobre una base de bizcocho ligero.

Tiempo de preparación *1 hora 10 minutos*
  + 4 horas de refrigeración
Tiempo de cocción **20 minutos**
Para 8 unidades

BIZCOCHO
2 huevos
60 g de azúcar extrafino
30 g de harina
25 g de cacao en polvo

MOUSSE DE CAFÉ
105 g de azúcar extrafino
3 huevos con las claras y las yemas separadas
1 cucharada de café instantáneo disuelta
  en 1 cucharada de agua
15 g de gelatina en polvo
3 cucharadas de licor de café tipo Tía María
250 ml de nata para montar

20 galletas de amaretti
150 ml de nata espesa para decorar
8 granos de café cubiertos de chocolate para decorar

1 Forre un molde para brazo de gitano de 22 × 32 cm con papel parafinado y precaliente el horno a 190°C.

2 Para preparar el bizcocho, bata los huevos y el azúcar con una batidora eléctrica hasta obtener una mezcla espesa y pálida que haya triplicado su volumen. Tamice dos veces la harina y el cacao, e incorpórelos a la mezcla de huevo con una cuchara de metal. Extienda la masa con cuidado en el molde y hornéela de 5 a 7 minutos o hasta que esté firme al tacto. Pase el bizcocho a una rejilla metálica y, una vez frío, retire el papel. Corte ocho círculos de bizcocho para llenar ocho aros de pastelería de 8 × 4 cm. Puede usar el bizcocho sobrante para otro postre.

3 Para preparar la mousse de café, caliente el azúcar en un cazo pequeño con 4 cucharadas de agua hasta que se disuelva, suba el fuego y déjelo hervir 2 minutos para obtener un almíbar claro. Prepare la base para una mousse según las Técnicas del chef de la página 63 e incorpore el café a la mezcla de yemas de huevo.

4 Mientras tanto, pase la gelatina a un cazo pequeño con el licor de café y déjala reposar hasta que esté esponjosa. Ponga el cazo en el fuego y caliente la gelatina a fuego muy lento, sin dejar de remover, durante 1 ó 2 minutos o hasta que se haya disuelto por completo. Retírela del fuego y déjela enfriar a temperatura ambiente. Monte la nata y, con una cuchara grande de metal, incorpórela a la mezcla de yemas, con movimientos en forma de ocho, hasta que esté completamente mezclada.

5 Forre una bandeja de horno con papel parafinado, coloque encima los aros de pastelería e introduzca un círculo de bizcocho en la base de cada uno. Con un cucharón, llénelos hasta la mitad con la mousse de café. Disponga una galleta de amaretti en el centro y llene los aros hasta el borde con más mousse. Refrigérelos durante cuatro horas como mínimo, o toda la noche.

6 Una hora antes de servir, pase un paño húmedo alrededor de las mousses para poder retirar fácilmente los aros. Triture las galletas de amaretti restantes y presiónelas ligeramente contra el borde de las mousses. Monte la nata y pásela a una manga pastelera con una boquilla pequeña en forma de estrella. Disponga una roseta de nata en el centro de cada mousse y decórelas con los granos de café cubiertos de chocolate. Refrigere las mousses hasta el momento de servir, y páselas con cuidado a platos de postre con la ayuda de una espátula.

Nota del chef Puede sustituir los aros por latas pequeñas de conserva con los extremos cortados. Lávelas bien y fórrelas con una tira de papel parafinado antes de utilizarlas.

Cajitas de chocolate

Cada cubo de chocolate contiene una capa de bizcocho de chocolate y unos frutos rojos de temporada que sujetan la tapa. Este postre es muy espectacular, pero no es tan difícil de preparar como parece.

Tiempo de preparación **1 hora 30 minutos**
Tiempo de cocción **50 minutos**
Para 9 unidades

165 g de chocolate negro
150 g de mantequilla reblandecida
30 g de cacao en polvo
6 huevos con las claras y las yemas separadas
200 g de azúcar extrafino
90 g de harina
400 g de chocolate negro para cocinar, picado fino
150 g de mermelada de albaricoque
250 g de grosellas rojas, frambuesas o fresones
cacao en polvo adicional para espolvorear
azúcar glas para espolvorear

1 Forre un molde cuadrado de pastel, de 20 × 5 cm, con papel de aluminio. Precaliente el horno a 180°C.

2 Llene un cazo hasta la mitad con agua, lleve ésta a ebullición y retírelo del fuego. Prepare un cuenco refractario que quepa sobre el cazo sin tocar el agua. Pase el chocolate, la mantequilla y el cacao al cuenco, y colóquelo sobre el cazo. Remueva hasta que el chocolate se derrita.

3 Bata las yemas de huevo y el azúcar hasta obtener una mezcla espesa y pálida que haya triplicado su volumen.

Con un batidor de varillas, remueva con cuidado la mezcla de chocolate y la de huevo. Tamice la harina e incorpórela poco a poco. En otro cuenco, monte las claras de huevo a punto de nieve y añádalas a la masa.

4 Pase la mezcla al molde preparado, nivele la superficie, y hornéela de 35 a 40 minutos. Déjela enfriar en el molde durante 5 minutos antes de desmoldarla sobre una rejilla metálica y retirar el papel de aluminio. Cuando esté completamente fría, recorte los bordes e iguale la superficie con la ayuda de un cuchillo de sierra.

5 Derrita el chocolate para cocinar al baño María como en el paso 2. Ponga una lámina grande de papel de aluminio sin arrugas sobre una superficie de trabajo y extienda el chocolate, alisándolo con una espátula hasta que mida 3 mm de grosor. Si lo prefiere, puede hacerlo en dos tandas. Deje endurecer el chocolate a temperatura ambiente.

6 Una vez duro el chocolate, marque en él 36 rectángulos de 4,5 × 6 cm y nueve tapas cuadradas de 6 cm con la ayuda de una regla, y córtelo con un cuchillo afilado. Resérvelo entre láminas de papel parafinado. Corte el bizcocho de chocolate en nueve cuadrados iguales.

7 En un cazo, caliente la mermelada y úntela sobre los bordes de los cuadrados de bizcocho. Presione un rectángulo de chocolate contra cada borde, llene las cajas con la fruta y apoye las tapas encima. Espolvoréelas con cacao y azúcar glas, y sírvalas con crème fraîche.

Cestitas de galleta crujiente con helado de cereza

Para elaborar este hermoso y original postre, puede preparar el helado y las cestitas de galleta crujiente con antelación, y rellenar éstas justo antes de servir.

*Tiempo de preparación **20 min. + 30 min. de refrigeración***
*Tiempo de cocción **15 minutos***
Para 6 unidades

CESTITAS DE GALLETA CRUJIENTE
60 g de mantequilla
60 g de azúcar moreno claro
2 cucharadas de melaza clara
60 g de harina
unas gotas de esencia o extracto de vainilla

500 ml de helado de vainilla, preferiblemente casero
425 g de picotas sin hueso, escurridas y picadas finas
2 cucharadas de oporto
ramitas de menta fresca para decorar

1 Para preparar las cestas de galleta crujiente, pase la mantequilla, el azúcar y la melaza clara a un cazo, y caliéntelo todo hasta que el azúcar se haya disuelto. Déjelo enfriar 1 minuto e incorpore la harina y la esencia de vainilla. Pase la mezcla a un cuenco pequeño y refrigérela 30 minutos. Precaliente el horno a 180°C.

2 Retire el helado del congelador y deje que se reblandezca ligeramente durante 10 minutos, sin que se derrita. Mezcle las cerezas y el oporto con el helado reblandecido. Cúbralo e introdúzcalo de nuevo en el congelador para que se solidifique.

3 Forre dos bandejas de horno con papel parafinado. Divida la masa de las cestas en seis porciones iguales y forme una bola con cada una de ellas. Coloque tres en cada bandeja, dejando suficiente espacio entre ellas, y allánelas en forma de círculo con las yemas de los dedos humedecidas. Hornéelas durante 5 ó 6 minutos.

4 Tenga preparadas seis tazas de té boca abajo en la superficie de trabajo. Deje reposar las galletas 1 minuto después de hornearlas y, con la ayuda de una espátula, disponga una sobre cada taza, presionándolas para darles forma de cesta. Deje que se enfríen y tomen forma.

5 Disponga una cesta en el centro de cada plato y llénelas con dos bolas de helado. Sírvalas de inmediato, decoradas con una ramita de menta.

Financieros

Las cerezas agrias y el kirsch aportan un sabor dulce y acre a estas exquisitas pastas francesas de almendras. Sírvalas con el té o el café.

Tiempo de preparación **30 minutos**
Tiempo de cocción **15 minutos**
Para 14 unidades

60 g de guindas secas picadas gruesas
60 ml de kirsch
60 g de harina
60 g de almendras molidas
120 g de mantequilla derretida
5 claras de huevo ligeramente batidas
120 g de azúcar extrafino

1 Precaliente el horno a 200°C. Pase las guindas a un cuenco pequeño con el kirsch (puede hacerlo hasta con dos horas de antelación para obtener un sabor más intenso). Unte 14 moldes de tartaleta acanalados, de 40 ml de capacidad, con mantequilla derretida y dispóngalos en una bandeja de horno.

2 Tamice dos veces la harina y las almendras molidas sobre un cuenco mediano. Añada la mantequilla derretida, las claras de huevo y el azúcar, y remuévalos con una cuchara de madera o una espátula hasta obtener una mezcla homogénea. Escurra las guindas, reservando el kirsch, añádalas a la mezcla y remueva bien. Pase la mezcla a los moldes preparados con una cuchara.

3 Hornee los financieros de 10 a 12 minutos o hasta que se doren y se hinchen. Déjelos enfriar sobre una rejilla metálica. Una vez fríos, retírelos de los moldes, remójelos en el kirsch reservado y sírvalos con té o café.

Nota del chef También puede preparar esta receta con sultanas, en lugar de guindas.

Biscotti de almendra y lima

Sencillas y deliciosas, estas galletas de doble cocción pueden prepararse con antelación y servirse con un sorbete o un helado.

Tiempo de preparación **20 minutos**
Tiempo de cocción **1 hora 15 minutos**
Para 30 unidades

5 claras de huevo
185 g de azúcar extrafino
185 g de harina
la ralladura de 3 limas
185 g de almendras enteras con la piel

1 Precaliente el horno a 180°C y forre un molde de pan de 1 kg de capacidad con papel parafinado.

2 Monte las claras de huevo a punto de nieve, añada el azúcar y continúe batiendo hasta que estén espesas y brillantes. Tamice la harina e incorpórela a la mezcla con la ralladura de lima y las almendras enteras. Extienda la masa de manera uniforme en el molde preparado, hornéela durante 45 minutos y déjela enfriar en el molde.

3 Baje la temperatura del horno a 100°C. Retire la mezcla del molde y deseche el papel parafinado. Con un cuchillo fino y afilado, corte la pasta en rodajas muy finas y dispóngalas en una sola capa en bandejas de horno. Hornéelas a la temperatura mínima durante unos 35 minutos o hasta que estén muy secas, crujientes y doradas por los bordes. Puede servir los biscotti con mousse de fruta, sorbete, helado o una copa de licor. Consérvelos en un recipiente hermético.

Ópera de avellana

Esta versión, una adaptación de una compleja receta francesa, incluye una crema de mantequilla
con avellanas junto con los tradicionales sabores a chocolate y a café.

Tiempo de preparación **1 hora 45 minutos + refrigeración**
Tiempo de cocción **1 hora**
Para 6–8 personas

BIZCOCHO
75 g de azúcar glas
2¹/₂ cucharadas de harina
75 g de almendras molidas
3 huevos
15 g de mantequilla derretida y enfriada
3 claras de huevo
1 cucharada de azúcar extrafino

GANACHE DE CHOCOLATE
150 g de chocolate negro picado fino
150 ml de nata espesa

ALMÍBAR DE CAFÉ
3 cucharadas de azúcar extrafino
3 cucharadas de café instantáneo

CREMA DE MANTEQUILLA CON AVELLANAS
70 g de azúcar extrafino
1 clara de huevo
100 g de mantequilla reblandecida
2 cucharadas de crema de chocolate y avellanas

1 Para preparar el bizcocho, precaliente el horno a 220°C. Forre un molde de brazo de gitano, de 22 × 32 cm, con papel parafinado. Tamice el azúcar glas y la harina en un cuenco. Agregue las almendras y los huevos, y bata hasta obtener una mezcla pálida. Incorpore la mantequilla. Monte las claras de huevo hasta que se espesen, añada el azúcar y bátalas a punto de nieve. Añada, batiendo, un tercio de las claras a la mezcla de almendras, agregue con cuidado las claras restantes y mezcle. Extienda la masa en

el molde y hornéela 6 ó 7 minutos o hasta que esté dorada y elástica. Desprenda los bordes con la punta de un cuchillo y desmolde el bizcocho en una rejilla metálica forrada con papel parafinado. No retire el papel de cocción.

2 Para preparar el ganache de chocolate, pase el chocolate a un cuenco. Lleve la nata a ebullición en un cazo y viértala en el chocolate. Deje reposar unos minutos y remueva hasta que se derrita completamente y quede liso.

3 Para preparar el almíbar de café, pase el azúcar y 185 ml de agua a un cazo y remueva hasta que se disuelva. Lleve a ebullición, añada el café y retire del fuego.

4 Para preparar la crema de mantequilla con avellanas, ponga el azúcar y 3 cucharaditas de agua en un cazo de fondo pesado. Remueva a fuego lento hasta que el azúcar se haya disuelto por completo. Con un pincel de repostería humedecido, retire los cristales de azúcar de las paredes del cazo. Suba el fuego y deje hervir sin remover hasta que el azúcar alcance la fase de bola blanda, unos 120°C. Si no dispone de un termómetro de azúcar, vierta ¹/₄ cucharadita del almíbar en agua helada. La bola de almíbar debe mantener su forma, pero estar blanda al tacto.

5 Mientras tanto, monte la clara de huevo a punto de nieve. Sin dejar de batir, incorpore con cuidado el almíbar caliente, vertiéndolo entre las varillas y las paredes del cuenco. Siga batiendo hasta que esté frío. Añada gradualmente la mantequilla y la crema de chocolate y avellanas, y mezcle hasta incorporarlas bien.

6 Corte el bizcocho en tres trozos de 20 × 10 cm, y deseche el papel. Remoje un trozo con un tercio del almíbar de café y úntelo con la mitad de la crema de mantequilla. Cúbralo con otro trozo de bizcocho, remójelo con almíbar y úntelo con la mitad del ganache. Tápelo con el tercer trozo de bizcocho, remójelo con el almíbar restante y extienda encima la crema de mantequilla. Alise la superficie y refrigere hasta que la crema se endurezca.

7 Derrita el ganache al baño María, déjelo entibiar y úntelo sobre el pastel. Corte éste en cuadrados o rombos.

Tartaletas de fruta

Estas pastas tradicionales resultan exquisitas en verano, cuando abundan los fresones y las bayas. También puede preparar una tarta grande, que constituirá un postre perfecto para un picnic estival.

Tiempo de preparación **45 min. + 30 min**. *de refrigeración*
Tiempo de cocción **30 minutos**
Para 6 unidades

CREMA PASTELERA
315 ml de leche
90 ml de zumo de limón
la ralladura de 2 limones
4 yemas de huevo
100 g de azúcar extrafino
2 cucharadas de harina
2 cucharadas de fécula de maíz

pasta azucarada (vea la página 59)
400 g de bayas variadas
100 g de mermelada de albaricoque

1 Unte seis moldes de tartaleta de 8 × 2 cm y de base extraíble con mantequilla derretida. Precaliente el horno a 200°C.

2 Para preparar la crema pastelera, vierta la leche, el zumo y la ralladura de limón en un cazo, y lleve a ebullición a fuego lento. En un cuenco, bata las yemas de huevo con el azúcar hasta que queden pálidas. Tamice encima la harina y la fécula de maíz, y bátalo todo hasta mezclarlo bien. Vierta la mitad de la leche hirviendo en la mezcla de yemas, bata bien y añádala al cazo con la leche restante. Lleve a ebullición, sin dejar de remover, y deje hervir 1 minuto para cocer la harina. Retire el cazo del fuego y extienda la crema pastelera en una bandeja para que se enfríe rápidamente. Cubra la superficie con papel parafinado para evitar que se forme una capa y déjela enfriar del todo. Una vez fría, bátala hasta que quede homogénea.

3 Extienda la pasta en una superficie enharinada hasta que mida 3 mm de grosor. Corte seis círculos de pasta de 12 cm, forre con ellos los moldes, pínchelos con un tenedor y déjelos enfriar 20 minutos. Corte seis discos de papel parafinado algo más grandes que los moldes y colóquelos en los fondos de tarta. Llénelos con judías secas o arroz y horNéelos 10 minutos. Retire las judías o el arroz y el papel, y horNéelos 5 minutos más o hasta que se doren. Déjelos reposar 2 minutos fuera del horno, desmóldelos y páselos a una rejilla metálica para que se enfríen.

4 Con una manga pastelera o una cuchara, rellene los fondos de tarta con la crema pastelera hasta 3/4 de su capacidad, nivele la superficie y disponga las bayas por encima de modo que las tartaletas parezcan bien llenas.

5 Caliente la mermelada en un cazo con 60 ml de agua. Cuando empiece a hervir, cuélela sobre un cuenco y, mientras aún está caliente, unte una capa fina sobre las tartaletas frías. Sírvalas tibias o a temperatura ambiente.

Pastelitos de queso y limón

En esta receta, el popular pastel de queso, con un refrescante sabor a limón y una base de galletas de jengibre, se sirve en porciones individuales con una cobertura de jalea de uvas rojas.

*Tiempo de preparación **20 minutos + 1 hora de refrigeración + toda la noche en el frigorífico***
*Tiempo de cocción **5 minutos***
Para 6 unidades

155 g de galletas de jengibre
60 g de mantequilla derretida
300 g de requesón extra graso
la ralladura y el zumo de 3 limones
375 g de leche condensada
155 g de yogur natural o griego
2 cucharaditas rasas de gelatina en polvo
185 ml de zumo de uvas rojas

1 Introduzca las galletas en una bolsa de plástico, tritúrelas con un rodillo de pastelería y mézclelas con la mantequilla derretida. Como alternativa, tritúrelas en un robot de cocina hasta que parezcan pan rallado fino, rocíe la mantequilla derretida por encima y siga batiendo hasta incorporarla completamente.

2 Coloque seis aros de pastelería de 8 × 7 cm (vea las Notas del chef) en una bandeja pequeña forrada con papel parafinado y reparta las galletas trituradas entre ellos. Presiónelas en la base de los aros con un vaso de fondo plano. Refrigere las bases mientras prepara el relleno.

3 Con la batidora eléctrica y en un cuenco mediano o en el robot de cocina limpio, mezcle el requesón, la ralladura y el zumo de limón y la leche condensada hasta obtener una masa homogénea. Añada el yogur y bata unos segundos para incorporarlo. Reparta la mezcla de requesón entre los aros, dejando un pequeño margen en la parte superior para la jalea, y refrigere los pastelitos toda la noche para que se solidifiquen.

4 En un cazo pequeño, espolvoree la gelatina sobre la mitad del zumo de uvas y déjela reposar hasta que esté esponjosa. Ponga el cazo a fuego lento y bata hasta que la gelatina se haya disuelto por completo. Retire el cazo del fuego, añada el zumo restante y deje enfriar la mezcla a temperatura ambiente. Con una cuchara, disponga una capa de jalea sobre los pastelitos y refrigérelos 1 hora.

5 Para servir, pase un paño húmedo alrededor de los pastelitos para poder retirar fácilmente los aros, y dispóngalos con cuidado en platos de postre con la ayuda de una espátula.

Notas del chef Puede sustituir los aros de pastelería por latas pequeñas de conserva con los extremos cortados. Lávelas bien y fórrelas con una tira de papel parafinado antes de utilizarlas.

Si los aros no son suficientemente altos, fórrelos con un collar de papel parafinado para añadirles altura.

Barquitas de castaña

*En esta receta, las tartaletas en forma de barquita se rellenan con una crema
de castaña aromatizada con un poco de ron.*

Tiempo de preparación **50 min. + 40 min. de refrigeración**
Tiempo de cocción **15 minutos**
Para 12 unidades

CREMA DE CASTAÑA
250 g de puré de castaña en conserva
2 cucharadas de ron
250 ml de nata para montar

pasta de chocolate (vea la página 62)
2 marrons glacés enteros para decorar

1 Para preparar la crema, pase el puré de castaña y el
ron a un cuenco grande y mezcle ligeramente con un
batidor de varillas hasta que quede suelta. Monte la nata
a punto de nieve e incorpore cuatro quintas partes en la
mezcla de castaña, que debe mantenerse a punto de
nieve. Cúbrala y refrigérela 20 minutos. Monte la nata
restante hasta que se espese y pásela a una manga
pastelera provista de una boquilla pequeña en forma de
estrella. Introdúzcala en el frigorífico para que se enfríe.

2 Precaliente el horno a 190°C. Unte ligeramente con
aceite 12 moldes en forma de barquilla de 8 cm de largo.
Extienda la pasta de chocolate en una superficie ligeramente enharinada hasta que mida 3 mm de grosor. Corte 12 rectángulos de pasta un poco más grandes que los
moldes, y forre éstos con ellos. Recorte los bordes, pinche el fondo con un tenedor y refrigérelos 20 minutos.
Corte 12 trozos de papel parafinado ligeramente más
grandes que los moldes y cubra con ellos los fondos de
tarta. Llénelos con judías secas o arroz y hornéelos entre
10 y 15 minutos o hasta que estén secos y firmes.
Déjelos enfriar por completo sobre una rejilla metálica,
y retire las judías o el arroz y el papel.

3 Con una cucharita, llene los moldes con la crema de
castaña y deles forma de pico con la ayuda de un cuchillo pequeño de punta redonda, previamente pasado por
agua caliente y secado. Con la nata reservada, forme una
línea ondulada de nata en la cresta de cada barquita.
Corte cada marron glacé en seis trozos con un cuchillo
pequeño afilado y disponga un trozo en el centro de la
línea de nata. Sirva las barquitas de inmediato o refrigérelas durante un máximo de 2 horas.

Cúpula de bavarois de naranja

Una espectacular y brillante cúpula de rodajas de naranja cubre un centro de mousse de naranja y un bizcocho bañado en licor para crear un postre muy especial.

Tiempo de preparación **1 hora + 30 minutos en el congelador + 4 horas de refrigeración**
Tiempo de cocción **25 minutos**
Para 8 personas

2 naranjas enteras
250 g de azúcar extrafino
2 cucharadas de licor de naranja tipo Cointreau

BIZCOCHO
2 huevos
60 g de azúcar extrafino
60 g de harina

MOUSSE DE NARANJA
105 g de azúcar extrafino
3 huevos con las claras y las yemas separadas
15 g de gelatina en polvo
el zumo de 1 naranja
2 cucharadas de licor de naranja tipo Cointreau
250 ml de nata para montar
la ralladura de 2 naranjas

1 Introduzca las dos naranjas en el congelador durante 30 minutos. Forre un molde de brazo de gitano con papel parafinado y precaliente el horno a 190°C.
2 Para preparar el bizcocho, bata los huevos y el azúcar con la batidora eléctrica hasta obtener una mezcla espesa y pálida que haya triplicado su volumen. Tamice dos veces la harina y añádala a la mezcla con una cuchara de metal. Extienda la masa en el molde preparado y hornéela de 6 a 8 minutos o hasta que esté firme al tacto. Desmolde el bizcocho sobre una rejilla y, una vez frío, retire el papel.
3 Disponga 250 g de azúcar extrafino en un cazo ancho con 200 ml de agua y caliente la mezcla hasta que el azúcar se disuelva. Lleve a ebullición a fuego lento y extraiga las naranjas del congelador. Con un cuchillo muy afilado o una mandolina, y protegiéndose las manos con un paño, corte las naranjas en rodajas de 3 mm de grosor. Sumérjalas en el almíbar hirviendo y escálfelas hasta que la parte blanca y la piel queden tiernas; para comprobarlo, pinche ésta última con la punta de un cuchillo. Retire las rodajas con una espumadera y escúrralas sobre una rejilla metálica. Reduzca el almíbar en dos tercios, retírelo del fuego y añada el licor de naranja. Resérvelo.
4 Para preparar la mousse de naranja, caliente el azúcar en un cazo con 4 cucharadas de agua hasta que se disuelva, baje el fuego y déjelo hervir 2 minutos para obtener un almíbar claro. Prepare la base para una mousse según las Técnicas del chef de la página 63.
5 Mientras tanto, pase la gelatina a un cazo pequeño con el zumo de naranja y deje reposar la mezcla hasta que esté esponjosa. Caliéntela a fuego muy lento, sin dejar de remover, durante 1 ó 2 minutos o hasta que la gelatina se disuelva por completo. Retire el cazo del fuego, añada el licor y deje enfriar la mezcla a temperatura ambiente. Monte la nata y, con una cuchara grande de metal, incorpórela a la mezcla de claras de huevo junto con la gelatina, la ralladura de naranja y la mezcla de yemas, con movimientos en forma de ocho, hasta ligarlo todo bien.
6 Coloque un bol de 1,25 l, preferiblemente de acero inoxidable, boca abajo sobre el bizcocho. Corte alrededor del borde con un cuchillo afilado, retire el bol y recorte un poco el bizcocho para que encaje bien. Forre el interior del bol con las rodajas de naranja, formando un borde liso. Pase la mousse de naranja al bol, procurando no mover la fruta. Cúbrala con el disco de bizcocho y presiónelo para eliminar el aire de debajo. Pinte el bizcocho con el almíbar reservado, cúbralo con film transparente y refrigere la cúpula 4 horas como mínimo o toda la noche.
7 Para servir, pase un paño caliente alrededor del bol y vuelque la cúpula sobre una fuente. Gláseela con el almíbar y córtela en porciones con un cuchillo de sierra.

Flan al caramelo con agua de azahar

Éste es un postre elegante y refrescante que se puede preparar con un día de antelación
y que constituye el final perfecto para una cena de fiesta.

*Tiempo de preparación **25 min. + 4 horas de refrigeración***
*Tiempo de cocción **55 minutos***
Para 6 unidades

220 g de azúcar extrafino
500 ml de leche
1/2 vaina de vainilla partida longitudinalmente
la ralladura de 1 naranja
3 huevos batidos
2 yemas de huevo
1 cucharadita de agua de azahar

1 Precaliente el horno a 150°C.

2 Prepare un caramelo con 90 g de azúcar y una cucharada de agua, según las Técnicas del chef de la página 63. Una vez el caramelo esté cocido, recaliéntelo a fuego lento si se ha endurecido, y repártalo entre seis cazuelitas de 125 ml de capacidad. Golpéelas un poco para cubrir las paredes y el fondo de las mismas, sujetándolas con un paño para protegerse las manos.

3 En un cazo, lleve la leche a ebullición a fuego lento con la vaina de vainilla y la ralladura de naranja. Bata los huevos, las yemas de huevo, el azúcar restante y el agua de azahar en un cuenco hasta obtener una mezcla cremosa. Añada la leche hirviendo y cuele la mezcla sobre una jarra. Deseche la ralladura de naranja y la vainilla.

4 Vierta la mezcla sobre el caramelo en las cazuelitas, disponga éstas en una fuente para asar y llénela con agua caliente hasta cubrir un tercio de las cazuelitas. Hornee los flanes de 30 a 35 minutos o hasta que cuajen. Retírelos de la fuente para asar y déjelos enfriar durante 4 horas como mínimo o toda la noche.

5 Para servir, deslice la hoja de una espátula por el borde de cada flan, coloque el centro de un plato de postre sobre la cazuelita y vuélquela sobre el mismo. Levante con cuidado la cazuelita y deje que el caramelo líquido se derrame sobre el postre.

Espejos de piña

Esta delicada combinación de bizcocho y mousse se encuentra en la mayoría de las pastelerías.
Esta versión tiene piña fresca dulce debajo del espejo glaseado

*Tiempo de preparación **35 min. + 6 horas de refrigeración***
*Tiempo de cocción **20 minutos***
Para 6 unidades

BIZCOCHO
2 huevos
60 g de azúcar extrafino
60 g de harina

250 g de azúcar
2 piñas enanas maduras peladas y sin los ojos negros
  (vea las Notas del chef)
30 g de azúcar glas
4 cucharaditas rasas de gelatina en polvo
3 cucharadas de ron blanco
155 ml de nata espesa
250 ml de yogur natural
90 ml de zumo de manzana claro

1 Forre un molde de brazo de gitano, de 22 × 32 cm, con papel parafinado y precaliente el horno a 190°C.

2 Para preparar el bizcocho, bata los huevos y el azúcar con la batidora eléctrica hasta obtener una mezcla espesa y pálida que haya triplicado su volumen. Tamice dos veces la harina e incorpórela a los huevos con una cuchara grande de metal. Extienda la masa en el molde preparado y hornéela de 6 a 8 minutos o hasta que esté firme al tacto. Desmolde el bizcocho sobre una rejilla metálica.

3 Ponga el azúcar en un cazo ancho con 200 ml de agua y caliente la mezcla a fuego lento hasta que el primero se disuelva y el almíbar hierva. Corte las piñas en rodajas muy finas y escálfelas en el almíbar de 3 a 5 minutos aproximadamente, según su madurez. Retire las rodajas de piña del almíbar con una espumadera y déjelas escurrir sobre papel de cocina. Reserve las seis rodajas más

delgadas y uniformes, así como el almíbar. Pase la piña restante a una licuadora o un robot de cocina con el azúcar glas. Triture unos segundos hasta que la fruta quede troceada pero no hecha puré. Cuele el exceso de jugo, dejando la fruta bastante seca.

4 Vierta 3 cucharaditas de la gelatina y el ron en un cazo pequeño y deje reposar la mezcla hasta que esté esponjosa. Caliéntela a fuego muy lento, removiendo constantemente, durante 1 ó 2 minutos o hasta que la gelatina se haya disuelto completamente. Monte la nata, añada el yogur y la piña escurrida. Una vez la gelatina esté fría, incorpórela a la nata.

5 Retire el papel del bizcocho y corte seis círculos para forrar la base de seis aros de pastelería de 8 × 5 cm (vea las Notas del chef). Disponga un círculo en la base de cada aro y úntelo con el almíbar reservado. Llene los aros con la crema de piña y refrigérelos durante 4 horas o toda la noche hasta que la crema esté firme.

6 En un cazo pequeño, espolvoree la gelatina restante sobre el zumo de manzana y deje reposar la mezcla hasta que esté esponjosa. Caliéntela a fuego muy lento, sin dejar de remover, durante 1 ó 2 minutos o hasta que la gelatina se disuelva completamente. Déjela enfriar por completo mientras dispone una rodaja de la piña reservada sobre cada pastelito cuajado. Vierta por encima suficiente zumo de manzana como para cubrirlos y refrigérelos de 1 a 2 horas para que el glaseado se solidifique. Para servir, pase un paño caliente alrededor de cada aro para desmoldar los pastelitos en un plato de servir.

Notas del chef También puede usar piña en conserva.

Puede sustituir los aros de pastelería por latas pequeñas de conserva con los extremos cortados. Lávelas bien y fórrelas con una tira de papel parafinado antes de utilizarlas.

Palmeras

*Estas pastas sumamente sencillas realzan
la perfección de una pasta de hojaldre casera.*

Tiempo de preparación **20 minutos**
Tiempo de cocción **20 minutos**
Para 15 unidades

60 g de azúcar
2 cucharaditas rasas de canela en polvo

¹/₂ cantidad de pasta de hojaldre (vea las págs. 60–61)

1 Precaliente el horno a 220°C y unte una bandeja de
horno con mantequilla derretida.
2 Mezcle el azúcar y la canela en un cuenco y utilícelo
como sustituto de la harina para espolvorear la superficie de trabajo. Extienda rápidamente la pasta de hojaldre hasta formar un rectángulo de 5 mm de grosor y
espolvoréelo con una buena cantidad de mezcla de
azúcar y canela. Doble tres veces los lados cortos hacia
el centro, espolvoree la pasta con más mezcla de azúcar
y canela, y dóblela por la mitad como si cerrara un libro.
Corte la pasta horizontalmente en rodajas de 1 cm y
dispóngalas en la bandeja preparada, planas. Allánelas
ligeramente con un rodillo de pastelería y espolvoréelas
con más azúcar. Hornee las palmeras durante 10 minutos, deles la vuelta y prosiga la cocción 10 minutos más
o hasta que estén bien caramelizadas. Déjelas enfriar sobre una rejilla metálica.

Nota del chef Para un postre rápido, junte las palmeras
a modo de sándwich con 280 ml de nata montada mezclada con 1 cucharada de azúcar glas y 1 de brandy.

Mostachones de almendras y avellanas

*Estos mostachones de frutos secos son crujientes
por fuera y deliciosamente tiernos por dentro.*

Tiempo de preparación **20 minutos**
Tiempo de cocción **25 minutos**
Para 36 unidades

30 g de avellanas
30 g de almendras molidas
125 g de azúcar glas
2 claras de huevo
una pizca de azúcar extrafino

1 Precaliente el horno a 180°C.
2 Coloque dos bandejas de horno una encima de la otra
y forre la superior con papel parafinado (esto evitará que
la parte inferior de los mostachones se dore demasiado
durante la cocción).
3 Pase las avellanas a una bandeja y tuéstelas al horno
de 3 a 5 minutos, sin dejar que se quemen. Déjelas enfriar
y tritúrelas en un robot de cocina hasta molerlas finas.
4 Baje la temperatura del horno a 160°C. Tamice las almendras, las avellanas y el azúcar glas en un cuenco, y
repita la operación para asegurarse de que se mezclen
bien. En otro cuenco, bata las claras de huevo con una
pizca de azúcar hasta que adquieran una consistencia
espesa y brillante y la mezcla esté montada a punto de
nieve al levantar el batidor.
5 Con una cuchara de metal, incorpore con cuidado los
ingredientes secos a las claras, procurando que no pierdan
aire. La mezcla debe quedar brillante y blanda, no líquida.
6 Con una cuchara, pase la mezcla a una manga pastelera con una boquilla de 7,5 mm. Forme discos de 2 cm
de ancho en las bandejas preparadas, dejando espacio entre ellos. Hornee los mostachones, en dos tandas si es necesario, de 15 a 20 minutos o hasta que estén dorados y
crujientes, vigilándolos con frecuencia. Déjelos enfriar en
la bandeja unos minutos y páselos a una rejilla metálica.

Tartaletas de limón con merengue

La tarta de limón se reduce a miniatura en estas diminutas y apetitosas tartaletas,
sobre cada una de las cuales reposa una nube ligera de merengue.

*Tiempo de preparación **20 min. + 20 min. de refrigeración***
*Tiempo de cocción **35 minutos***
Para 22 unidades

pasta quebrada (vea la página 58)
4 claras de huevo
200 g de azúcar extrafino
2 cucharadas de azúcar glas

RELLENO DE LIMÓN
6 yemas de huevo
250 g de azúcar extrafino
4 cucharaditas de ralladura fina de limón
el zumo de 4 limones
60 g de mantequilla

1 Unte dos moldes de magdalenas de 12 unidades con mantequilla derretida. Precaliente el horno a 180°C.

2 Extienda la pasta en una superficie enharinada hasta que mida 3 mm de grosor. Corte 22 discos de pasta, forre con ellos los moldes y refrigérelos durante 20 minutos. Corte 22 círculos de papel parafinado ligeramente más grandes que las cavidades de los moldes y colóquelos sobre los fondos de pasta. Llénelos con judías secas o arroz y hornéelos 10 minutos. Retire las judías o el arroz y el papel, y prosiga la cocción durante 5 minutos más o hasta que los fondos de pasta se doren. Retírelos del horno, déjelos reposar 2 minutos y déjelos enfriar en los moldes sobre una rejilla metálica.

3 Para preparar el relleno de limón, llene un cazo hasta la mitad con agua y lleve ésta a ebullición. Con la batidora eléctrica, bata las yemas de huevo y el azúcar en un cuenco refractario que quepa sobre el cazo sin tocar el agua, hasta obtener una mezcla ligera y cremosa. Añada la ralladura y el zumo de limón y la mantequilla, y coloque el cuenco sobre el cazo de agua hirviendo. Bata la mezcla continuamente de 10 a 15 minutos o hasta que esté espesa y cremosa. Vierta el relleno en los moldes mientras aún está caliente.

4 Precaliente el grill a temperatura media. Pase las claras de huevo a un cuenco limpio y seco, y móntelas a punto de nieve con un batidor de varillas o una batidora eléctrica. Añada gradualmente el azúcar, batiendo bien tras cada adición, hasta que la mezcla esté espesa y brillante. Con una cuchara o una manga pastelera, dispóngala sobre el relleno de limón y dele una forma decorativa con la punta de una cuchara. Tamice el azúcar glas sobre la superficie de las tartaletas y gratínelas 1 ó 2 minutos o hasta que el merengue se dore. Sírvalas cuanto antes.

Tartaletas de ciruelas y albaricoques

Estas hermosas tartaletas de fruta combinan ciruelas y albaricoques con una crema de avellanas.
Resultan deliciosas servidas tibias.

*Tiempo de preparación **25 min. + 20 min. de refrigeración***
*Tiempo de cocción **45 minutos***
Para 6 unidades

CREMA DE AVELLANAS
75 g de mantequilla reblandecida
75 g de azúcar extrafino
1 huevo ligeramente batido
110 g de avellanas molidas finas o de harina
   de almendra
1 1/2 cucharadas de harina
3 cucharaditas de ron

pasta azucarada, con 1 cucharadita de canela
   añadida a la harina (vea la página 59)
180 g de ciruelas maduras y 180 g de albaricoques
   maduros, cortados por la mitad y sin el hueso
50 g de mermelada de albaricoque

1 Unte seis moldes de tartaleta acanalados, de 8 × 2 cm y de base extraíble, con mantequilla derretida.

2 Para preparar la crema de avellanas, bata la mantequilla y el azúcar con una cuchara de madera o la batidora eléctrica hasta obtener una mezcla ligera y cremosa. Añada gradualmente el huevo, un tercio cada vez, batiendo bien tras cada adición. Incorpore 80 g de avellanas molidas o de harina de almendras, la harina y el ron, y reserve.

3 Extienda la pasta en una superficie enharinada hasta que mida 3 mm de grosor. Corte seis círculos de 12 cm, forre con ellos los moldes, pínchelos con un tenedor y refrigérelos 20 minutos. Precaliente el horno a 180°C.

4 Espolvoree el resto de las avellanas molidas o la harina de almendras sobre los fondos de pasta, llénelos con la crema de avellanas con la ayuda de una cuchara o una manga pastelera y alise la superficie. Cubra tres tartaletas con las mitades de ciruela y las otras tres con las de albaricoque, con la parte cortada boca abajo. Hornéelas de 30 a 40 minutos o hasta que la crema de avellanas quede ligeramente dorada e hinchada y la pasta, cocida (tal vez deberá cubrir las tartaletas con papel de aluminio y colocarlas en la parte inferior del horno los últimos 10 minutos). Déjelas enfriar en los moldes y páselas a una rejilla.

5 Caliente la mermelada en un cazo con 1 cucharada de agua. Cuando la mezcla se haya derretido y empiece a hervir, cuélela sobre un cuenco y, mientras todavía esté caliente, unte una capa fina de glaseado sobre las tartaletas frías. Sírvalas tibias o a temperatura ambiente.

Nota del chef El hecho de espolvorear las avellanas molidas sobre el fondo de las tartaletas permite absorber el jugo de la fruta y mantiene la pasta crujiente.

Pavlovas con frutas aromáticas

*Estas espectaculares y ligeras nubes de merengue resultan exquisitas acompañadas
de fruta remojada en champán y de cremoso yogur griego.*

Tiempo de preparación **20 minutos**
Tiempo de cocción **2 horas 10 minutos**
Para 6 unidades

PAVLOVAS
6 claras de huevo
220 g de azúcar extrafino
1 cucharadita de vinagre de vino blanco
2 cucharaditas de agua hirviendo

60 g de azúcar extrafino
1/2 vaina de vainilla partida longitudinalmente
250 ml de champán o vino espumoso
**1 kg de fruta blanda variada, como fresas, frambue-
    sas, cerezas negras deshuesadas y moras**
280 ml de nata espesa
1 1/2 cucharadas de azúcar glas
185 ml de yogur griego
1 1/2 cucharadas de kirsch

1 Precaliente el horno a 120°C. Forre dos bandejas
grandes de horno con papel parafinado.
2 Para preparar las pavlovas, vierta las claras de huevo en
un cuenco limpio y seco, y móntelas a punto de nieve con
una batidora eléctrica o un batidor de varillas. Añada

gradualmente el azúcar, el vinagre y el agua hirviendo, y
bata contínuamente hasta que el merengue esté espeso
y brillante. Con dos cucharas grandes de metal humedecidas, divida el merengue en seis formas ovaladas y dispóngalas en las bandejas preparadas. Hornee las pavlovas
de 1 1/2 a 2 horas o hasta que estén pálidas y crujientes
por fuera, y blandas y gomosas por dentro.
3 Para preparar la fruta, ponga el azúcar en una cacerola
con la vaina de vainilla y el champán, y lleve la mezcla a
ebullición a fuego lento. Déjela hervir 5 minutos y retírela del fuego. Añada la fruta y resérvela hasta que se enfríe; durante este tiempo la fruta blanda se escalfará poco
a poco en el líquido que va enfriándose. Retire la vaina
de vainilla de la fruta justo antes de servir.
4 Con un batidor de varillas, monte la nata a punto de
nieve, tamice el azúcar glas por encima y mézclelo junto
con el yogur y el kirsch.
5 Para servir el postre, disponga las pavlovas en platos y
cúbralas con una cuchara colmada de nata al kirsch. Reparta dos cucharadas de fruta sobre cada pavlova, dejando que el jugo se derrame por los lados, y sirva la fruta
restante alrededor del postre o en un cuenco aparte.

Nota del chef Si prefiere una forma más nítida para las
pavlovas, forme seis círculos de merengue con la manga
pastelera provista de una boquilla de 2 cm de diámetro.

Croissants

Los croissants requieren tiempo y esfuerzo para prepararlos, pero su rico sabor a mantequilla asombrará a amigos y familiares. Sírvalos tibios con mermelada, y verá cómo desaparecen en un santiamén.

Tiempo de preparación **3 horas + reposo + refrigeración**
Tiempo de cocción **20 minutos**
Para 12–16 unidades

500 g de harina
I cucharadita de sal
50 g de azúcar extrafino
320 ml de leche
15 g de levadura fresca o 7 g de levadura en polvo
340 g de mantequilla a temperatura ambiente
2 yemas de huevo ligeramente batidas
almendras enteras para decorar

CREMA DE ALMENDRAS
60 g de mantequilla reblandecida
60 g de azúcar extrafino
I huevo batido
60 g de almendras molidas
15 g de harina
la ralladura de 1/2 limón

1 Tamice la harina, la sal y el azúcar en un cuenco grande y forme un hueco en el centro. Caliente la leche, añada la levadura con 1 cucharada de harina y mezcle hasta que se disuelvan. Deje reposar la mezcla hasta que se formen burbujas, incorpórela a los ingredientes secos y trabájelos hasta formar una masa blanda. Pásela a una superficie enharinada y amásela 5 minutos o hasta que esté lisa y elástica. Póngala en un cuenco enharinado, cúbrala y déjela reposar 1 hora en un lugar cálido, o hasta que doble su volumen.

2 Mientras tanto, coloque la mantequilla entre dos láminas de film transparente y extiéndala en forma de rectángulo de unos 20 × 10 cm.

3 Una vez la masa haya doblado su volumen, golpéela, pásela a una superficie enharinada y extiéndala en forma de rectángulo de unos 40 × 12 cm, el doble de la lámina de mantequilla y un poco más ancho. Coloque la mantequilla sobre la mitad inferior de la masa y doble ésta hasta envolver completamente la mantequilla. Selle los bordes con las yemas de los dedos. Dé la vuelta a la masa para que el pliegue esté a su derecha y extiéndala en forma de rectángulo el doble de largo que de ancho. Retire el exceso de harina y doble la masa en tres, como una carta, con la capa inferior cara arriba. Envuélvala en film transparente y refrigérela durante 20 minutos.

4 Para preparar la crema de almendras, bata la mantequilla y el azúcar con una cuchara de madera o una batidora eléctrica, hasta obtener una mezcla ligera y cremosa. Añada gradualmente el huevo, un tercio cada vez, batiendo bien tras cada adición. Incorpore las almendras molidas, la harina y la ralladura de limón.

5 Extraiga la masa del frigorífico y córtela por la mitad. Sobre una superficie bien enharinada, extienda cada mitad en forma de rectángulo grande y recórtelo para que mida 22 × 36 cm. Con una plantilla triangular de 18 cm de base y 14 cm de lado, corte los rectángulos en seis triángulos (deben quedar dos triángulos más en los lados). Estire cada triángulo por los dos ángulos iguales para alargarlo y disponga un poco de crema de almendras en el lado más largo. Enrolle la masa, empezando por el lado ancho, para formar medias lunas y doble la punta triangular por debajo de la masa. Pase los croissants a bandejas de horno y píntelos con yema de huevo. Cúbralos con film transparente y refrigérelos toda la noche.

6 Retire los croissants del frigorífico y déjelos reposar de 30 a 45 minutos o hasta que doblen su volumen. No los coloque en un lugar cálido para acelerar este proceso, o la mantequilla de la masa se derretirá. Precaliente el horno a 200°C. Tueste las almendras bajo el gratinador a temperatura media hasta que se doren.

7 Una vez los croissants han doblado su volumen, píntelos con más huevo y decórelos con las almendras. Hornéelos de 15 a 20 minutos o hasta que se doren.

Tarta de fruta de la pasión

Esta tarta contiene un delicioso relleno dorado, para el cual necesitará unas nueve frutas de la pasión maduras. En el último momento, se gratina rápidamente para darle una cobertura caramelizada.

Tiempo de preparación **25 minutos + 2 horas**
   30 minutos de refrigeración
Tiempo de cocción **1 hora 15 minutos**
Para 8 personas

pasta azucarada (vea la página 59)
azúcar glas para caramelizar

RELLENO DE FRUTA DE LA PASIÓN
150 ml de nata espesa
100 g de azúcar extrafino
200 ml de pulpa de fruta de la pasión (incluidas las semillas), unas 9 frutas
4 huevos

1 Precaliente el horno a 190°C. Unte un molde de tarta de base extraíble, de unos 20 cm de diámetro y 4 cm de alto, con mantequilla derretida.

2 Extienda la pasta en una superficie enharinada hasta que mida 3 mm de grosor. Forre con ella el molde, presionándola en las esquinas, y recorte los bordes de manera uniforme. Pinche ligeramente la pasta con un tenedor y refrigérela durante 30 minutos. Corte un círculo de papel parafinado un poco más grande que el molde y colóquelo sobre el fondo de pasta. Llénelo con judías secas o arroz y hornéelo durante unos 10 minutos. Retire las judías o el arroz y el papel, y prosiga la cocción durante 5 minutos más o hasta que la pasta se dore. Déjela enfriar en el molde sobre una rejilla metálica. Reduzca la temperatura del horno a 140°C.

3 Para preparar el relleno de fruta de la pasión, caliente la nata a fuego lento en un cazo pequeño. En un cuenco grande, bata el azúcar y la pulpa de la fruta de la pasión con un batidor de varillas, e incorpore los huevos. Vierta la nata tibia y pase la mezcla por un colador fino colocado sobre una jarra ancha, chafando las semillas de fruta de la pasión con el dorso de una cuchara para extraer el máximo jugo posible.

4 Coloque el fondo de pasta frío sobre una bandeja de horno, vierta con cuidado la mezcla de fruta de la pasión de la jarra e introduzca la tarta en el horno, procurando que no se derrame ni una gota de relleno. Hornee la tarta de 50 a 55 minutos o hasta que el relleno esté firme por el borde pero algo líquido en el centro.

5 Deje enfriar la tarta por completo, desmóldela y refrigérela durante varias horas para que el centro se solidifique. Justo antes de servir, espolvoree la superficie de la tarta con el azúcar glas y caramelícela unos segundos bajo el grill caliente para formar un glaseado dorado.

Condé de melocotón

Un condé es un postre elaborado con arroz y fruta escalfada. En esta receta se utilizan melocotones, que se hierven en vino de postre y se esconden entre capas de cremoso arroz.

Tiempo de preparación **1 hora + refrigeración**
Tiempo de cocción **1 hora 5 minutos**
Para 4 unidades

MELOCOTONES ESCALFADOS
375 ml de vino de postre
1 vaina de vainilla partida longitudinalmente
90 g de azúcar extrafino
2 melocotones maduros

3 cucharadas de arroz de grano corto, enjuagado
 y escurrido
600 ml de leche
2 cucharadas de azúcar extrafino
3 cucharaditas de gelatina en polvo
155 ml de nata espesa
60 g de chocolate negro
1 cucharada de mermelada roja sin semillas

1　Para preparar los melocotones escalfados, vierta el vino, la vaina de vainilla y el azúcar en un cazo, lleve a ebullición, baje el fuego y deje hervir durante 5 minutos. Introduzca los melocotones en el almíbar y escálfelos durante 15 minutos o hasta que estén tiernos, dándoles la vuelta una vez si no están completamente cubiertos por el almíbar. Retírelos del almíbar y déjelos escurrir sobre una rejilla metálica. Prosiga la cocción del almíbar hasta que se reduzca a la mitad, retire la vaina de vainilla y resérvela. Una vez los melocotones estén fríos, pélelos, retire los huesos y corte la pulpa en dados.

2　Disponga el arroz, la leche y la vaina de vainilla reservada en una cacerola mediana de fondo pesado, y lleve a ebullición a fuego lento. Deje hervir, removiendo a menudo, durante unos 30 minutos o hasta que el arroz esté blando y cremoso. Retire la cacerola del fuego, deseche la vaina de vainilla y agregue el azúcar. Espolvoree inmediatamente la gelatina en polvo sobre el arroz, déjela reposar durante 1 minuto para que se disuelva y remueva bien. Deje enfriar el arroz durante unos minutos. Con un batidor de varillas o una batidora eléctrica, monte la nata a punto de nieve e incorpórela al arroz tibio.

3　Reparta la mitad del arroz entre cuatro moldes de 200 ml de capacidad, esparza los dados de melocotón por encima y cúbralos con el arroz restante. Alise la superficie de los pudins y refrigérelos hasta que cuajen, preferiblemente toda la noche.

4　Llene un cazo hasta la mitad con agua, lleve ésta a ebullición y retire el cazo del fuego. Tenga preparado un cuenco refractario que encaje sobre el cazo sin tocar el agua. Introduzca el chocolate en el cuenco y coloque éste sobre el cazo de agua hirviendo. Remueva el chocolate de vez en cuando hasta que se derrita.

5　Forme dos mangas pasteleras pequeñas con triángulos de papel parafinado. Desmolde los pudins de arroz pasando un paño caliente alrededor de los mismos para retirar fácilmente los moldes y volcándolos sobre platos de servir. Llene una de las mangas pasteleras con el chocolate derretido y corte la punta para formar una abertura diminuta. Decore la parte superior de los pudins con una forma simple de flor y una línea de puntos unidos. El chocolate se endurecerá rápidamente sobre los pudins fríos.

6　Bata la mermelada con una cuchara hasta que se reblandezca y viértala en la otra manga pastelera. Corte la punta un poco más para formar una abertura ligeramente más grande que la anterior, y llene con cuidado los pétalos de la flor con mermelada. Puede verter el almíbar reservado alrededor de los condés de melocotón en el momento de servirlos, o bien utilizarlo como salsa para un helado u otros postres.

Dacquoise de praliné

Este postre, espectacularmente decorado con bandas y relleno de una crema ligera de mantequilla con avellanas, puede prepararse con un día de antelación y refrigerarse.

Tiempo de preparación **1 hora 30 minutos**
  + 20 minutos de refrigeración
Tiempo de cocción **20 minutos**
Para 8 personas

BIZCOCHO DE ALMENDRA
140 g de almendras molidas
65 g de harina
230 g de azúcar extrafino
100 ml de leche
9 claras de huevo

CREMA DE MANTEQUILLA CON AVELLANAS
125 g de azúcar extrafino
2 claras de huevo
155 g de mantequilla reblandecida
30 g de crema de chocolate y avellanas

55 g de almendras fileteadas
azúcar glas para decorar
cacao en polvo para decorar

1 Precaliente el horno a 190°C. Forre un molde para brazo de gitano, de 22 × 32 cm, con papel parafinado y úntelo con mantequilla derretida.

2 Para preparar el bizcocho de almendra, tamice las almendras molidas, la harina y 170 g del azúcar extrafino en un cuenco. Añada la leche y 1 clara de huevo, y bata con una cuchara de madera hasta obtener una mezcla homogénea. En otro cuenco limpio y seco, monte las claras restantes a punto de nieve e incorpore gradualmente el azúcar extrafino hasta formar un merengue espeso y brillante. Con una cuchara grande de metal o una espátula de plástico, añada con cuidado un tercio del merengue a la masa del bizcocho de almendras hasta incorporarlo bien y, a continuación, agregue el merengue

restante en tres o cuatro veces. No trabaje la masa en exceso o perderá volumen.

3 Extienda la masa con cuidado en el molde preparado y hornéela de 7 a 10 minutos o hasta que esté dorada y esponjosa. Separe los bordes con la punta de un cuchillo y desmolde el bizcocho sobre una rejilla metálica forrada con papel parafinado. No retire el papel de la cocción.

4 Para preparar la crema de mantequilla con avellanas, ponga 90 g de azúcar y 60 ml de agua en un cazo de fondo pesado. Remueva a fuego lento hasta que el azúcar se haya disuelto por completo. Con un pincel de repostería humedecido, retire los cristales de azúcar de las paredes del cazo. Suba el fuego y deje hervir sin remover hasta que el azúcar alcance la fase de bola blanda, unos 120°C. Si no dispone de un termómetro de azúcar, vierta 1/4 cucharadita del almíbar en agua helada. La bola de almíbar debe mantener su forma, pero estar blanda al presionarla.

5 Mientras, monte las claras de huevo a punto de nieve, añada el azúcar restante y bata hasta obtener una mezcla espesa y brillante. Sin dejar de batir, incorpore con cuidado el almíbar caliente, vertiéndolo entre las varillas y las paredes del cuenco. Siga batiendo hasta que esté frío. Añada gradualmente la mantequilla y la crema de chocolate y avellanas, y mezcle hasta incorporarlas bien.

6 Con un cuchillo de sierra, recorte los bordes del bizcocho y pártalo en tres trozos de 20 × 10 cm; deseche el papel. Cubra la primera capa con un tercio de la crema de mantequilla, disponga encima otro trozo de bizcocho, unte otro tercio de crema de mantequilla y tápela con el bizcocho restante. Cubra la superficie y los lados con la crema de mantequilla restante y alíselos con una espátula. Refrigere 20 minutos o hasta que cuaje.

7 Tueste las almendras bajo el grill. Espolvoree el pastel con azúcar glas. Corte tiras de papel de 1 cm y estírelas sobre el pastel a intervalos de 1,5 cm. Espolvoree con cacao y retire el papel con cuidado para exponer la decoración. Presione las almendras sobre los lados del pastel.

Técnicas del chef

◆

Pasta quebrada

Con esta deliciosa masa se elabora una de las pastas más versátiles para tartas y quiches. Además, resulta muy sencilla de preparar.

*Tiempo de preparación **10 minutos + 20 minutos de refrigeración***
*Tiempo de cocción **Ninguno***
*Para **400 g***

200 g de harina
una pizca generosa de sal
una pizca generosa de azúcar extrafino
100 g de mantequilla fría
1 huevo ligeramente batido
1–2 gotas de esencia o extracto de vainilla

1 En un cuenco grande, tamice la harina con la sal y el azúcar. Corte la mantequilla en dados de 1 cm y agréguelos a la harina.

2 Incorpore la mantequilla a la harina con los dedos hasta que la mezcla adquiera la consistencia del pan rallado.

3 Forme un hueco en el centro y vierta una mezcla de huevo, 2 ó 3 cucharaditas de agua y la vainilla.

4 Trabaje lentamente la mezcla con la ayuda de una espátula hasta formar una bola de textura rugosa. Si queda pegajosa, añádale un poco más de harina. Pase la masa a una superficie fría ligeramente enharinada, forme con ella una bola y allánela un poco. Envuélvala en film transparente y refrigérela 20 minutos antes de utilizarla.

Nota del chef Con esta cantidad de pasta se pueden forrar dos moldes de tarta de paredes bajas y de 18 a 20 cm de diámetro. Si solamente prepara una tarta, divida la pasta en dos mitades y envuélvalas por separado en film transparente. Utilice una mitad y coloque la otra en una bolsa de plástico, ciérrela herméticamente y guárdela en el congelador para poder usarla en otra ocasión.

Agregue los dados de mantequilla a la mezcla de harina, sal y azúcar, e incorpórelos a los ingredientes secos.

Continúe frotando la mantequilla con la harina hasta que la mezcla adquiera la consistencia del pan rallado.

Vierta en el hueco la mezcla de huevo, agua y vainilla.

Trabaje lentamente la mezcla con la ayuda de una espátula hasta formar una bola de textura rugosa.

Pasta azucarada

Esta pasta se prepara de manera similar a la pasta quebrada, pero se le añade azúcar cuando una tarta o una quiche requieren un poco más de dulzor.

*Tiempo de preparación **10 minutos + 20 minutos de refrigeración***
*Tiempo de cocción **Ninguno***
Para 480 g

200 g de harina
una pizca generosa de sal
70 g de mantequilla fría
80 g de azúcar extrafino
1 huevo ligeramente batido
1–2 gotas de esencia o extracto de vainilla

1 En un cuenco grande, tamice la harina con la sal y el azúcar. Corte la mantequilla en dados de 1 cm y agréguelos a la harina. Incorpore la mantequilla a la harina con los dedos hasta que la mezcla adquiera la consistencia del pan rallado.

2 Añada el azúcar y forme un hueco en el centro. Vierta una mezcla de huevo y vainilla, y trabaje lentamente la masa con la ayuda de una espátula o un cuchillo hasta formar una bola de textura rugosa. Si queda demasiado seca, rocíela con un poco más de agua hasta que quede ligada.

3 Retire la masa del cuenco y pásela a una superficie ligeramente enharinada. Con la palma de la mano, extienda la masa hacia delante hasta que esté homogénea.

4 Forme con ella una bola y allánela un poco. Envuélvala en film transparente y refrigérela 20 minutos antes de utilizarla.

Nota del chef Con esta cantidad de pasta se pueden forrar dos moldes de tarta de paredes bajas y de 18 a 20 cm de diámetro. Si solamente prepara una tarta, divida la pasta en dos mitades y envuélvalas por separado en film transparente. Utilice una mitad y coloque la otra en una bolsa de plástico, ciérrela herméticamente y guárdela en el congelador para poder usarla en otra ocasión.

Tamice la harina y la sal en un cuenco grande. Corte la mantequilla en dados pequeños e incorpórelos a la harina.

Añada el azúcar, forme un hueco en el centro y vierta una mezcla de huevo y vainilla.

Con la palma de la mano, extienda la masa hacia delante en una superficie ligeramente enharinada hasta que esté homogénea.

Forme una bola con la masa y aplánela un poco.

Pasta de hojaldre

La elaboración de esta pasta requiere más tiempo y esfuerzo que las demás, pero se obtiene una base de hojaldre enriquecida con mantequilla. Si dispone de poco tiempo, puede adquirirla en bloques o láminas.

*Tiempo de preparación **1 día***
*Tiempo de cocción **Ninguno***
Para 530 g

BASE
250 g de harina de fuerza o normal
1 cucharadita de sal
2 ó 3 gotas de zumo de limón
125 ml de agua
40 g de mantequilla derretida

100 g de mantequilla fría

1 Para preparar la base, tamice la harina y la sal sobre una superficie de trabajo fría y forme un hueco en el centro. Añada el zumo de limón al agua, viértala en el hueco con la mantequilla y mézclelo todo bien con las puntas de los dedos. Con el borde de una espátula o un cuchillo, vaya incorporando la harina a la mezcla de mantequilla con un movimiento cortante hasta que no quede harina seca y la mezcla adquiera la consistencia del pan rallado. Júntela con las manos y amásela ligeramente, añadiendo unas gotas de agua si es necesario, para formar una bola blanda y lisa.

2 Marque una aspa grande sobre la masa para evitar que se encoja y, a continuación, envuélvala en papel encerado o en film transparente, ligeramente enharinados. Refrigérela durante 1 hora para que resulte más fácil de doblar en el momento de extenderla. Coloque la mantequilla fría entre dos láminas de papel encerado o de film transparente. Aplástela con el borde de un rodillo de pastelería y forme un cuadrado de 2 cm de grosor. De este modo, la mantequilla resultará más fácil de doblar al extenderla y, además, evitará que se derrita.

3 Retire el papel encerado o el film transparente de la masa y colóquela sobre una superficie fría ligeramente enharinada. Extiéndala, empezando por el centro, hasta darle forma de cruz con un montículo en el centro.

Tamice la harina y la sal sobre una superficie de trabajo y forme un hueco en el centro. Añada el zumo de limón, el agua y la mantequilla, y mézclelo todo bien con las puntas de los dedos.

Marque una aspa grande sobre la masa con un cuchillo afilado.

Retire el papel encerado o el film transparente de la masa y colóquela sobre una superficie ligeramente enharinada. Extiéndala, empezando por el centro, hasta darle forma de cruz con un montículo en el centro.

Disponga la mantequilla en el montículo del centro y doble los cuatro lados de la masa hacia dentro para envolverla.

4 Disponga la mantequilla en el montículo del centro y doble los cuatro lados de la masa hacia dentro para envolverla completamente.

5 Presione la parte superior e inferior de la masa con el rodillo para sellar los bordes de la misma. Cóloquela en una superficie ligeramente enharinada y extiéndala hasta formar un rectángulo de 12 × 35 cm.

6 Doble el tercio inferior de la masa hacia el centro y el tercio superior hacia abajo, de modo que la masa quede doblada en tres capas. Retire el exceso de harina y compruebe que los bordes estén bien sellados. Practique una hendidura en la masa con el dedo para marcar la primera vez que la extiende y la dobla. Envuélvala en film transparente y refrigérela durante 30 minutos.

7 Coloque la masa con el lado doblado a su izquierda, como si fuera un libro. A continuación, presiónela ligeramente con la ayuda de un rodillo de pastelería para sellar los bordes.

8 Repita tres veces más el proceso de los pasos 5 a 7, teniendo en cuenta que debe marcar la masa con una hendidura cada vez que la extiende, y refrigérela durante 30 minutos tras cada vez. Después de haber extendido y doblado la masa dos veces, debería haber marcado dos hendiduras. Al final, debería tener cuatro marcas. La masa se irá reblandeciendo a medida que la vaya extendiendo y doblando. Déjela reposar por última vez en el frigorífico durante 30 minutos y ya estará lista para su uso. Puede congelarla en un bloque o cortarla en porciones más pequeñas y utilizarla a medida que la necesite.

Notas del chef Cuando prepare la pasta de hojaldre, trabájela sobre una superficie fría para evitar que la mantequilla se derrita y se forme una masa pesada. Si el clima es caluroso, deberá refrigerar la masa durante 15 minutos más al final de todo el proceso.

La elaboración de la pasta de hojaldre no resulta difícil, pero requiere bastante tiempo. Por eso, es preferible que prepare a la vez el doble o el triple de la cantidad indicada y congele la sobrante. Para descongelarla, guárdela toda la noche en el frigorífico. Puede conservarla hasta 4 días en el frigorífico y hasta 3 meses en el congelador.

Selle los bordes de la masa presionándola con un rodillo y extiéndala en forma de rectángulo.

Doble el tercio inferior de la masa hacia el centro y el tercio superior hacia abajo, de modo que la masa quede doblada en tres capas.

Una vez refrigerada la masa, póngala con el lomo a su izquierda como si fuera un libro. Presiónela para sellar los bordes, y extiéndala, dóblela y refrigérela de nuevo.

Continúe extendiéndola, doblándola y refrigerándola, procurando lograr un acabado uniforme y mantener los bordes rectos.

Pasta de chocolate

El método de elaboración de esta pasta es muy similar al de la pasta quebrada. Simplemente se le añade un poco de cacao en polvo para darle sabor a chocolate y un bonito color oscuro.

*Tiempo de preparación **10 minutos + 20 minutos de refrigeración***
*Tiempo de cocción **Ninguno***
Para 415 g

155 g de harina
una pizca generosa de sal
45 g de cacao en polvo
75 g de mantequilla fría
75 g de azúcar extrafino
1 huevo ligeramente batido

1   En un cuenco grande, tamice la harina con la sal y el azúcar. Corte la mantequilla en dados de 1 cm y agréguelos a la harina. Incorpore la mantequilla a la harina con los dedos hasta que la mezcla adquiera la consistencia del pan rallado.

2   Añada el azúcar y forme un hueco en el centro. Vierta el huevo y 20 ml de agua fría en él, y trabaje la mezcla lentamente con la ayuda de una espátula o un cuchillo hasta formar una bola de textura rugosa. Si queda ligeramente pegajosa, añádale un poco más de harina. Vierta un poco más de agua si queda demasiado seca.

3   Pase la masa a una superficie fría ligeramente enharinada, forme con ella una bola y allánela un poco. Envuélvala en film transparente y refrigérela 20 minutos antes de utilizarla.

Nota del chef   Con esta cantidad de pasta se pueden forrar dos moldes de tarta de paredes bajas y de 18 a 20 cm de diámetro. Si solamente prepara una tarta, divida la pasta en dos mitades y envuélvalas por separado en film transparente. Utilice una mitad y coloque la otra en una bolsa de plástico, ciérrela herméticamente y guárdela en el congelador para poder usarla en otra ocasión.

Incorpore la mantequilla a la mezcla de harina, sal y cacao en polvo hasta que adquiera la consistencia del pan rallado.

Vierta el huevo y el agua fría en la mezcla.

Trabaje la mezcla con una espátula o un cuchillo, añadiendo un poco más de harina o de agua si es necesario.

Pase la bola de masa rugosa a una superficie fría, forme con ella una bola y allánela ligeramente.

Cómo preparar caramelo

*Si disuelve el azúcar en agua, controlará mejor
la preparación del caramelo.*

Ponga el azúcar extrafino
y el agua en un cazo de
fondo pesado. Llene un cazo
de paredes bajas con agua
fría y colóquelo junto a
los fogones.

Remueva a fuego lento para
disolver el azúcar. Para evitar
la formación de cristales
de azúcar, pase un pincel
humedecido con agua por
las paredes del cazo.

Lleve a ebullición y deje
hervir hasta que el caramelo
adquiera un color dorado
oscuro. Mueva el cazo para
que el caramelo se dore
de manera uniforme.

Detenga el proceso de cocción
sumergiendo la base del cazo
en el agua fría durante unos
segundos.

Base para una mousse

*Procure que el almíbar de azúcar no se caliente
demasiado, o empezará a espesarse.*

Monte las claras de huevo
a punto de nieve.

Añada poco a poco la mitad
del almíbar caliente a las
claras de huevo en un chorro
fino entre el batidor y el
cuenco, sin dejar de batir,
y continúe batiendo hasta
que la mezcla se enfríe.

Repita la operación con el
almíbar restante y las yemas
de huevo: bata primero las
yemas hasta que estén espesas
y de color pálido, vierta luego
el almíbar caliente y bata hasta
que la mezcla se enfríe.

Cómo marcar líneas con una brocheta

*Tenga mucho cuidado al calentar
y manipular la brocheta.*

Para marcar líneas de
caramelo sobre una superficie
espolvoreada con azúcar glas,
caliente una brocheta hasta
que humee y apóyela unos
instantes sobre la superficie
azucarada.

Editado por Murdoch Books® de Murdoch Magazines Pty Limited, 45 Jones Street, Ultimo NSW 2007.

© Diseño y fotografía de Murdoch Books® 1999
(c) Texto de Le Cordon Bleu 1999

Editora gerente: Kay Halsey
Idea, diseño y dirección artística de la serie: Juliet Cohen

Murdoch Books y Le Cordon Bleu quieren expresar su agradecimiento a los 42 chefs expertos de todas las excuelas de Le Cordon Bleu, cuyos conocimientos y experiencia han hecho posible la realización de este libro, y muy especialmente a los chefs: Terrien, Boucheret, Deguignet, Duchêne (Meilleur Ouvrier de France), Guillut, Pinaud, Cros, de París; Males, Walsh, Power, Carr, Paton, Poole-Gleed, Wavrin, Thivet, de Londres; Chantefort, Jambert, Hamasaki, Honda, Paucod, Okuda, Lederf, Peugeot, Mori, de Tokio; Salambien, Boutin, Harris, de Sydney; Lawes, Adelaide; Guiet, Denis, Petibon, Poncet, de Ottawa; Martin, de México; Camargo, de Brasil.
Nuestra gratitud al graduado Saori Matsuma, que ayudó a los chefs a probar todas las recetas. La editorial también quiere expresar el reconocimiento más sincero a la labor de las directoras Helen Barnard, Alison Oakervee y Deepika Sukhwani, responsables a lo largo de esta serie de la coordinación del equipo Le Cordon Bleu, presidido por André J. Cointreau.

Título original: *Pâtisserie*

© 2001 de la edición española:
Könemann Verlagsgesellschaft mbH
Bonner Strasse 126, D-50968 Colonia
Traducción del inglés: Verónica Puigdengolas Legler
para Locteam, S.L., Barcelona
Redacción y maquetación: Locteam, S.L., Barcelona
Impresión y encuadernación: Leefung-Asco Printers Ltd.
Printed in China – Impreso en China

ISBN 3-8290-8566-4

10 9 8 7 6 5 4 3 2 1

Portada: Tartaletas de fruta y Mantecadas de jengibre con albaricoques

INFORMACIÓN IMPORTANTE

GUÍA DE CONVERSIONES

1 taza = 250 ml
1 cucharada = 20 ml (4 cucharaditas)

NOTA: Hemos utilizado cucharas de 20 ml. Si utiliza cucharas de 15 ml, las diferencias en las recetas serán prácticamente inapreciables. En aquéllas en las que se utilice levadura en polvo, gelatina, bicarbonato de sosa y harina, añada una cucharadita más por cada cucharada indicada.

IMPORTANTE: Aquellas personas para las que los efectos de una intoxicación por salmonela supondrían un riesgo serio (personas mayores, mujeres embarazadas, niños y pacientes con enfermedades de inmunodeficiencia) deberían consultar con su médico los riesgos derivados de ingerir huevos crudos.